INTEGRATION

FAITE

COMME EUX !

Bouquin de poche

LES PISTES POUR UNE MEILLEURE INTEGRATION

D'abord je remercie mes amis, ma famille, notre société et surtout mes anciens professeurs de sociologie à l'université de Strasbourg MARC BLOCH qui à travers leurs cours et travaux dirigés m'ont donné cette envie de chercher à comprendre comment fonctionne en réalité notre société et surtout d'appréhender ce monde autrement, particulièrement la société française dans laquelle je vis.

Avant-propos

Je vous conseille de lire ce petit livre attentivement, parce que

vous allez comprendre pourquoi j'ai choisi son titre « faites
comme eux », ensuite qui « doit
faire comme eux » et qui sont «
eux »,
Surtout à qui la faute parfois si
l'on ne trouve pas sa place sur
l'échelle sociale de cette société, autrement dit si l'on est
mal intégré, avant tout juge-
ment possible que vous pour-
riez bien porter sur le contenu
de ce petit bouquin à la fin de
votre lecture ;
Je vous avertis que ce ne sont
que des pistes parmi d'autres
bien sûr, mais les plus impor-
tantes, j'espère.

<u>QUELQUES DEFI-
NITIONS</u>

Vous faites comme eux

Eux :

C'est un « pronom personnel qui désigne dans ce petit livre les héritiers, les détenteurs de la culture, de la pensée de notre société « qui ont réussi ou qui sont en voie de réussite » qui n'ont pas à ma connaissance beaucoup de problème pour se faire une place dans notre société, qui n'ont pas de problème d'intégration tout court, dans ce bouquin.

Vous :

Est également « pronom personnel » qui remplace toutes personnes rencontrant

des difficultés pour se faire une
place dans notre société, pour
s'intégrer, issues de l'immigration, nées dans cette société de
parents immigrés, ou immigrés
régulièrement vivant dans notre
société, voir autochtone ayant
perdu fil de repère ;

I.   RUPTURES

Je dois être transparent avec
vous sur ce point de la rupture
parce qu'il s'agit
de votre intégration dans cette
société, c'est très important que
vous ne le croyez pas, vous de-
vez essayer de rompre avec

certaines influences de toutes natures ; certains comporte-ments; Plusieurs relations, des façons de vivre ; Divers langages et idéologies, voir même certains modèles culturels qui pourraient handicaper votre meilleure

Intégration dans cette société ;

Par exemple, non-respect de l'autorité parentale ou familiale ; Manque de l'autorité scolaire, surtout non-respect de règles et lois établies par l'Etat, mauvaises fréquentations ; Rejet de la société avec sa culture, pour s'enfermer dans votre bulle communautaire ; Ne pas être ouvert envers les eux et les autres ; Tomber dans violence sous toutes ses formes, etc...
En bref, vous voule

vous intégrer dans cette société vous avez une éducation parentale à suivre qui commence depuis votre naissance, ensuite une éducation scolaire, une culture, une façon de vivre, un comportement, un modèle de vie qui est celui de cette société parce que vous êtes entièrement membre de ladite société ; D'après mon expérience personnelle, je voudrais insister sur le point de la rupture, qu'il ne s'agit pas d'abandonner vos cultures originaires ou parentales, Mais tout simplement de mettre fin à copier des modèles communautaires d'origine ou pas qui vous ne serviront pas à réussir votre meilleure intégration dans cette société

II. EDUCATION PARENTALE OU FAMILIALE

N'oubliez pas que votre intégration se prépare dès votre jeune âge à la maison, sauf pour certains cas car la toute première éducation commence à la maison en réalité, chez les parents ou responsables légaux en apprenant une façon de parler, de se comporter, de vivre et respect de règles de vie en société, comment connaître l'autre etc. Jusqu'au jour où vous allez découvrir l'école ;

Mais c'est très important à dire ; l'éducation parentale ne s'arrête pas là, parce que vous avez atteint l'âge d'aller à l'école, bien sûr que l'école va jouer son rôle de vous instruire, vous apprendre, vous former, vous informer, vous orienter et autres ;

Et les parents ont toujours une obligation de suivre votre vie scolaire et parcours, de vous assister tout au long de votre parcours et d'ailleurs

Pour une bonne marche de votre vie scolaire, il est conseillé que l'autorité parentale puisse marcher de pair avec celle de l'école, au moins jusqu'à un certain âge 18 ans par exemple ou au-delà ;

Hélas, c'est dommage parce que certains parents ou responsables légaux ont tendance à négliger ou ignorer ce point très important pour l'avenir de leurs enfants ;

L'éducation parentale abusive est puni par la loi dans cette société et vous avez pleinement droit de contester toutes sortes d'autorités en caractères abusifs, que vos parents ou responsables pourraient exercer sur vous surtout si celle-ci met en danger votre vie et particulièrement votre avenir ;

L'Etat ainsi que les pouvoirs politiques ont mis à notre disposition les gens et services compétents ; surtout les moyens pour apprécier ce caractère abusif et vous assister, vous orienter et

essayer de trouver une solu-
tion ;

Mais cela n'est pas votre objectif ; Je voudrais seulement vous
montrer qu'une bonne éducation
parentale suivie d'une meilleure
éducation scolaire, accompa-
gnée de beaucoup d'effort et sacrifice de votre part, avec toujours la volonté de faire quelque
chose de bien, d'être utile pour
aller de l'avant promet une
meilleure intégration.

III ECOLES

Le rôle fondamental de l'école
est de vous instruire, informer,
former, orienter etc... En tant
que citoyens à part entière de
cette société, vous ne manque-
rez pas d'apprendre, puis de
faire valoir vos capacités hu-
maines, intellectuelles, sinon
vous n'irez pas loin ;
Car nous sommes dans une société à laquelle nos récom-
penses sont les fruits de nos
mérites, vous êtes tenus à
l'écart rapidement si vous ne
pouvez pas montrer ou prouver
de quoi vous êtes capable, à
l'école comme dans l'ensemble
de la société et surtout quand
vous avez une étiquette qui
vous colle à la peau celle d'issue
de l'immigration ; Ce n'est pas
facile mais c'est possible car

vous fixez un objectif à atteindre, alors il faut accrocher et essayer de faire comme eux.

En réalité cette société est celle de la culture savante, le savoir ou le savoir-faire joue encore un rôle très important sur l'échelle sociale de notre société ;

Et vous qu'est-ce que vous savez ? Qu'est-ce que vous savez faire ? Quel effort faites-vous pour vous distinguer, vous en sortir ? Pour enlever une étiquette qui vous colle à la peau ? Pour essayer d'être comme eux tout simplement ? ;

Si la réponse n'est rien ou si vous n'avez pas une volonté de faire quelque chose, votre tâche ne sera pas facile, vous

manquez quelques éléments
de bases pour prétendre em-
prunter le chemin de l'intégration, vous ajoutez encore un
obstacle ;

Mais dans le cas contraire c'est
à dire que vous avez une volonté de faire quelque chose de
bien, valoir votre savoir-faire
par exemple, faites-le toujours
avec beaucoup d'espoir et surtout des sacrifices tout en
adoptant un comportement
digne et surtout faire un bon
choix d'orientation, en respectant les règles, votre tâche sera
plus facile, vous arrivez à sur-
monter la pente en obtenant un
diplôme à la fin de votre formation, ou de votre parcours scolaire, ce qui est déjà pas mal.

Mais attention, le diplôme est
un élément de plus bien sûr sur
la route de l'intégration, Il faudrait maintenant vous préparer
à affronter certaines difficultés
réelles de la société, sans re-
lâche, avec intelligence, tolé-
rance, beaucoup d'effort et de
sacrifice et de l'amour aussi,
sans oublier la patience parce
que ladite société est parfois in-
différente, violente, discrimina-
trice et ne pardonne pas sou-
vent aussi longtemps qu'elle est
belle également pour tout le
monde ;

 Presque tout le monde est
passé par ce chemin difficile, le
même système scolaire qui est
celui d'apprendre, de mettre en
valeur son savoir et D'ailleurs

c'est le système préféré des héritiers de la culture de notre société,

Alors pourquoi ne pas privilé-
gier ce système comme eux ?
car Il n'existe pas de baguette
magique pour se faire une
place au sein de notre société ;

 L'école est l'un des moyens le
plus fondamentale pour s'intégrer, malgré qu'elle présente
certains défauts car elle est sé-
lective par exemple, mais vous
pouvez vous échapper à sa sé-
lection parfois ;

 Par exemple, en faisant le
choix d'une très bonne orientation d'après vos capacités hu-
maines, intellectuelles, finan-
cières, tout au début de votre
parcours scolaire car il faudrait

être réaliste notre société est démocratique mais la démocratie à du mal à franchir la porte de l'école, les pouvoirs politiques ont instauré un système sélectif délibéré à l'école depuis sa création.

IV. LE TRAVAIL

J'essaie d'être franc avec vous, dans ce petit livre à chaque fois que j'aborde un point plus ou moins important, parce que je vous dis la vérité, et parce que j'essaie de partager avec vous une partie de mon exemple et celui d'autres personnes et surtout d'après les statistiques nationales de l'intégration ;
Dans cette société vous avez la possibilité de réussir une meilleure intégration à partir du travail avec de grands diplômes et niveaux d'études élevés ou sans :

***D'abord, sans grands diplômes ou niveaux d'études moins élevés**

Ayant quitté l'école très tôt à la
suite de différentes raisons autrement dit vous n'avez pas eu
la chance de suivre un système
scolaire jusqu'à atteindre votre
objectif d'intégration, la tâche
ne sera pas facile ; Mais il
existe une notion de formation
dans ce cas, l'Etat a prévu et
créé des centres, des organismes de formation adaptés à
chaque cas, pour vous ap-
prendre un métier avec pour fi-
nalité de vous intégrer dans
cette société par la voie du travail,
Il existe des organismes
d'insertions professionnelles,
l'Etat a mis à votre disposition
toute une série des moyens
pour vous aider à vous en sortir
malgré votre échec scolaire :
Alors, n'ayez pas honte ni peur,
il faudrait saisir votre dernière

chance jusqu'au bout avec toujours la même intensité, la volonté de faire quelque chose,
Beaucoup de gens sont passés
par le travail et ont réussi leurs
intégrations ;
En donnant le maximum de
votre effort et volonté vous pouvez.

**FRANCE TRAVAIL :(POLE
EMPLOI / ANPE) et beaucoup
d'autres organismes de l'Etat**

Sont compétents et peuvent
vous aider à trouver votre pre-
mier emploi, vous orienter dans
votre parcours professionnel, à
entreprendre certaines démarches pour la création de
l'entreprise par exemple, vous
orienter vers des ateliers spé-
cialisés, pour vous aider à rédi-
ger votre C.V., vous initier sur

les techniques de la recherche
de l'emploi ;
Il existe des journaux locaux
dans lesquels vous trouverez
les petites annonces d'emplois,
également vous pouvez adop-
ter la méthode de ciblage des
entreprises, c'est-à-dire faire de
la porte à porte auprès d'entreprises pour essayer de déni-
cher les offres d'emplois qui ne
sont pas publiés dans les journaux ou qui ne sont pas affi-
chés à France travail, ou dépo-
sez tout simplement votre C.V.
directement à l'entreprise ;
Ecrire et envoyer beaucoup de
C.V. à différents endroits avec
toujours en tête un espoir de
décrocher un entretien avec un
employeur ; consulter les offres
d'emplois sur internet également etc...

*AVEC DES GRANDS DI-
PLOMES OU NIVEAUX

D'ETUDES ELEVES : L'école avec ses différents diplômes et niveaux d'études est le moyen le plus suivi par la plupart des gens pour une meilleure intégration et surtout pour mieux grimper à l'échelle sociale de la société ;
Avec un niveau d'étude supérieur, vous avez beaucoup plus de chance de pouvoir vous intégrer car vous avez acquis une connaissance, vous êtes plus ouvert, vous regardez le monde en largeur et vous êtes de la même promotion que les héritiers de la culture de notre société, en bref vous avez fait le même parcours scolaire qu'eux ;

Maintenant vous allez entreprendre les mêmes démarches pour la recherche d'emploi par exemple, qu'est ce qui va se passer ?

Rien n'empêche par exemple que 75 % de vos collègues de même promotion, parmi les héritiers de la culture, trouvent leurs places plus ou moins facilement au sein de notre société et 52 % de vos collègues de même promotion issus de l'immigration trouveront également leur place comme leurs collègues héritiers de la culture à la fin des études, mais les gens, ou particulièrement la presse, pour des raisons particulières, ne parle pas trop du nombre de citoyens issus de l'immigration qui ont réussi leur intégration ;

Si nous revenons à notre exemple précédent, il y a 52% de citoyens de cette société issus de l'immigration intégrés de même que les 75% des héritiers de notre culture : il reste

25 % des héritiers et 48 % issus de l'immigration de la même promotion qui vont traverser des périodes encore plus difficiles (recherche d'emploi, découverte de certaines réalités de la société, etc.…) Et ça c'est la réalité, c'est à peu près comme dans notre exemple précédent que ça se passe dans notre société pour les gens qui ont suivi un parcours scolaire jusqu'à la fin et même pour ceux qui ont choisi des formations courtes ;

Alors après une année ou plus de recherche d'emplois sans suite, il ne faut pas vouloir désigner les sorciers par leurs noms tout de suite, traiter la société de raciste, l'Etat d'incapable, avec une fameuse phrase au bout de la langue « je suis diplômé, je n'arrive pas

à trouver du travail et surtout à m'intégrer dans cette société » ;
En réalité, dans ce cas vous n'êtes pas seul, il existe des milliers de gens diplômés, d'autres ne trouvent pas du tout d'emplois correspondants à leurs domaines, bien sûr que la discrimination de toutes natures et d'autres barrières existent dans cette société ;

Mais remettez-vous un instant en question malgré tout :

*Est-ce que vous vous êtes bien orienté tout au début de votre parcours scolaire ? *Est-ce que vous avez fait un bon choix d'option, filière, secteur d'activité ou
domaine, etc.... ?
*Est-ce que vous avez fait un parcours scolaire normal ?
*Est-ce que vous n'avez pas de lacunes ?

*Est-ce que vous êtes compé-
tent et convainquant, voire capable malgré votre niveau
d'étude ou diplôme ?
*Est-ce que vous êtes parmi les
meilleurs chez votre futur employeur ?
*Est-ce que vous avez un bon
comportement ? à savoir que le
marché de l'emploi est tout
aussi sélectif, les employeurs
sont à la recherche de gens
compétents et employables,
voilà quelques réalités à ne pas
ignorer qui peuvent vous coûter
très cher sur le marché du travail, voire sur le chemin de
votre intégration.

V. BARRIERES ET OBSTACLES

Sur ce point sensible, je voudrais essayer d'amorcer les choses et surtout les présenter telles qu'elles sont en réalité ;
Tout le monde a un peu peur de l'autre quelque part, n'a pas confiance, n'aime pas, rejette l'autre ou est indifférent etc...

Ce genre de comportements existe chez certaines personnes malheureusement qui composent notre société ;
Et vous, quel comportement avez-vous vraiment ?

Ce n'est pas une raison pour jeter l'éponge, surtout

pas vous décourager, ça serait dommage car vous vous êtes fixé un objectif à atteindre, celui de vous intégrer dans cette société ;

Et qu'est-ce qu'être intégré ? c'est tout simplement vivre en harmonie sans distinction avec tous les membres de ladite société à intégrer ; partager les mêmes valeurs ; bonheurs et malheurs, les mêmes soucis quotidiens, les mêmes bêtises, la même culture, le même mode de vie, les mêmes écoles et les mêmes règles scolaires, les mêmes postes de travail, tout en respectant les règles et lois de ladite société et etc...
En bref c'est votre et notre société à nous tous sans arrière-pensée ;
Si vraiment vous correspondez à cette définition, il ne faudrait

pas vous arrêter là, il faut toujours fournir des efforts pour sur-
monter toutes sortes d'obstacles, surtout celui qui pourra
vous mettre à l'écart de notre société ;

Aller vers l'autre n'est pas facile
surtout quand on a des arrières
pensés sur l'autre, mais c'est le
moyen le plus sûr pour rassurer
l'autre, donc allez vers eux (les
héritiers de la culture) mais pas
n'importe comment, cette fois-ci
intelligemment parce que vous
essayez de créer des relations
constructives durables, ainsi
sera brisé ce mur de la peur qui
existe entre nous, à cause de
différentes raisons liées à vos
origines, milieux, communautés,
ou autres et prouvez-leurs le
contraire de ce qu'ils pensent de
vous, que vous êtes citoyen or-

dinaire comme les autres (intelligent, sage, gentil, respectueux ;
Drôle et amoureux) de cette société.
Il n'y a pas que les mauvais dans une société, il existe des bons aussi qui peuvent être à la recherche de bons ; Et vous de quel côté êtes-vous ? Du bon ou du mauvais, ou entre les deux ? Le rejet de l'autre est tout simplement avoir peur de l'autre, et la préférence de l'autre est tout le contraire du rejet de l'autre et nous avons tous besoin d'être rassuré alors faisons des pas les uns envers les autres.

CONCLUSION.

Je voudrais conclure par un raisonnement qui pourrait peut-être choquer certaines personnes, mais c'est une réalité constante.

Le manque d'une éducation de base, le manque du savoir ou du savoir-faire, le manque de la culture, le manque d'une rupture totale avec certaines influences, le manque de l'emploi et surtout le manque de volonté sont d'autant plus des barrières ou obstacles que l'indifférence, le rejet ou la discrimination sur le chemin de l'intégration dans cette société, sans oublier l'Etat et les pouvoirs publics qui contribuent au bonheur des uns et surtout au malheur des autres en instaurant un système inégalitaire ;

A savoir qu'une intégration réussie dans un nouvel environnement peut être facilitée par plusieurs pistes. Voici quelques conseils pour y parvenir :

1. **Se familiariser avec la culture locale :** Apprenez autant que possible sur la culture, les coutumes et les normes sociales de votre nouvel environnement. Cela vous aidera à comprendre les attentes et à vous intégrer plus facilement.

2. **Établir des relations sociales :** Ne sous-estimez pas l'importance des relations sociales dans votre processus d'intégration. Essayez de nouer des liens avec vos collègues, vos voisins ou d'autres membres de la communauté locale. Participez à des activités sociales ou à des événements

communautaires pour rencon-
trer de nouvelles personnes.

3. **Apprendre la langue :** Si
vous vous installez dans un
nouvel endroit où la langue est
différente de la vôtre, investis-
sez du temps et des efforts
dans l'apprentissage de cette
langue. Cela vous aidera à
communiquer plus efficacement
et à vous sentir plus à l'aise
dans votre nouvel environnement.

4. **Être ouvert d'esprit :** Gar-
dez l'esprit ouvert et soyez prêt
à apprendre de nouvelles
choses. Acceptez les diffé-
rences culturelles et soyez cu-
rieux de découvrir ce que votre
nouvel environnement a à offrir.

5. **S'impliquer dans la communauté :** Rejoignez des
groupes, des associations ou

des activités qui correspondent
à vos intérêts. Cela vous per-
mettra de vous sentir connecté
à la communauté locale et de
contribuer positivement à votre
nouvel environnement.

6. **Être patient :** L'intégration
peut prendre du temps, alors
soyez patient avec vous-même
et avec le processus. Ne vous
attendez pas à vous sentir
complètement intégré du jour
au lendemain, mais soyez per-
sévérant dans vos efforts.

En suivant ces pistes et en res-
tant ouvert aux nouvelles expé-
riences, vous augmenterez vos
chances de réussir votre intégration dans votre nouvel environnement.

Et très sélectif à l'école par exemple depuis sa création.

Enfin je vous laisse réfléchir sur les questions simples :

• Qu'elle est votre position par rapport à ce texte et surtout par rapport au sujet de l'intégration ?

• Quels sont vos moyens les plus efficaces pour lutter contre les préjugés ?

Je vous remercie et particuliè-rement mon éditeur.

Ecrit par LOHANDJOLA JULES
Le sociologue de la rue.

****

QUELQUES RECOMANDA-
TIONS

Sur les fondements de l'intégration :

*Partage de valeurs (Parson
1951)

*Les indépendances fonction-
nelles (1893)

*Proximités relationnelle (Hags-
trom, Selvin1965)

*Les effets des identités
; Le pouvoir et l'intérêt des ac-
teurs (Crozier)